I0420539

Categorías y Leyes Científicas de la Victimología

Colección Victimalia

Dager Aguilar Avilés.
Estados Unidos. 2015

Autor: Dager Aguilar Avilés
Edición y corrección: Dager Aguilar Avilés
Diseño interior y de cubierta: Dager Aguilar Avilés
Diagramación: Dager Aguilar Avilés

Sobre la presente edición:
©Dager Aguilar Avilés, 2015
©Proy. Editorial Honoris-Europa y CreateSpace Publisher
edition sistem.2015
Estados Unidos. Con la colaboración de ediciones Honoris
Europa (proy.)
Categorías y Leyes Científicas de la Victimología
ISBN-13: 978-1519401816
ISBN-10: 1519401817

La publicación de este libro y su divulgación ha sido financiada por el proyecto Erasmus Mundus Action 2 de la Unión Europea.

Del Autor:

Dager Aguilar Avilés: Ciudadano cubano residente en la ciudad de Varsovia, Polonia. Abogado, criminólogo, analista político latinoamericanista, académico y escritor. Ha impartido docencia y ha sido investigador asociado en universidades de Cuba, Italia y Polonia. Ha dirigido varios investigaciones de tesis de diploma y maestría. Ha publicado varios libros en Europa y Estados Unidos, así como numerosos artículos y ensayos en revistas especializadas en ciencias sociales y jurídicas en Europa y América Latina. Ha presentado ponencias en numerosos eventos científicos y recibido varios premios a lo largo de su carrera estudiantil y profesional.

Tabla de contenidos

Introducción

Por ley científica se entiende aquella proposición científica en la que se afirma una relación constante entre dos o más variables o factores, cada una(o) de las(os) cuales representa, al menos parcial e indirectamente, una propiedad de sistemas concretos. También se define como *regla* y *norma* constantes e invariables de las cosas, surgida de su causa primera o de sus cualidades y condiciones.[1]

Tradicionalmente las leyes han sido concebidas como generalizaciones universales y verdaderas. Con ello se quiere explicar que las leyes nos permiten captar la realidad y predecir lo que ocurrirá. Esta propiedad se debe a que esos enunciados dan cuenta de irregularidades observadas en la Naturaleza afirmando que, dadas ciertas condiciones, estas se cumplirán invariablemente.

---

[1] GALILEO GALILEI: *"Diálogo sobre los dos máximos sistemas del mundo"*. Ed. Librería del Colegio, S. A.

Las leyes científicas son el alma de toda ciencia. Estas son presupuestos esenciales para la explicación, comunicación y publicidad del saber científico. Sin ellas resulta imposible poder ofrecer una correcta explicación del fenómeno victimológico o de otro tipo y es por estas razones antes expuestas que el descubrimiento de leyes victimológicas es una tarea de orden para todo estudioso de esta erudición. Por medio de las leyes no se intenta explicar por qué han ocurrido hechos concretos, sino por qué ciertas cosas suelen suceder de cierta manera.[2]

Entre las características fundamentales de toda ley científica y entre las cuales incluimos las leyes victimológicas encontramos:

1- Ser pautas generales en las que se insertan los hechos singulares. Con ello queremos decir que por cada suceso victimizante no se crea una ley científica, sino que son, por el contrario, los sucesos victimizantes los que se enmarcan en

---

[2] Vid: ÁLVAREZ ÁLVAREZ, J.FRANCISCO; TEIRA SERRANO, DAVID; ZAMORA BONILLA, JESÚS: Ob. cit, P 51-54.

una ley devenida en regla y norma del saber victimológico.

2- Encuentran la esencia de sus fenómenos objeto de estudio en las relaciones inalterables de sus variables más relevantes.[3]

3- Son verificables en cuanto no pasan de ser hipótesis verificadas. O sea, pueden ser contrastables empíricamente por medio de los métodos de investigación generales y específicos de cada ciencia.

4- Son objetivas, pues existen independientemente de la conciencia humana y son descubiertas por estos en el proceso de conocimiento de la realidad.

---

[3] En este sentido cuando hacemos referencia al término inalterable, nos referimos al hecho de que siempre entre estas variables va a existir una relación del tipo descrito por la ley científica correspondiente, pues queda claro que en las medidas que evolucione la sociedad lo hará también la ciencia, su objeto de estudio y consecuentemente sus leyes, las cuales según el nivel en el que se interprete(individual, grupal, social) pueden servir de base y presupuesto de teorías que conlleven a una ley superior.

Entre los presupuestos necesarios para que una proposición teórica sea considerada ley científica encontramos: La existencia necesaria de variables o factores representantes de una propiedad de sistemas concretos, la relación entre estas variables y la existencia de un conjunto de métodos que permitan verificarlas y aplicarlas empíricamente.

Ahora bien, desde hace algunos años vengo sosteniendo un conjunto de proposiciones victimológicas las cuales, si bien no son las únicas que existen, considero se ajustan perfectamente a lo que entendemos como leyes científicas en su sentido general. De esta manera podríamos proponer como leyes de la Victimología las siguientes:

- Primera Ley: Ley de la Causalidad victimológica.

- Segunda Ley: Ley de la Relatividad victimológica

- Tercera Ley: Ley de Síntesis victimológica.

- Cuarta Ley: Ley de la infinitud victimológica.

- Quinta Ley: Ley de la gravitación victimal.

- Sexta Ley: Ley de la Proporcionalidad victimal.

- Séptima Ley: Ley de la Génesis y Esencialidad victimológica.

Se dice que como mismo todo conocimiento científico primero fue duda, así toda ley científica primero fue teoría. Las teorías son combinaciones coherentes de varios principios que, en conjunto, nos sirven para comprender un cierto aspecto de la realidad lo más amplio posible.[4] En las ciencias sociales, y especialmente en la Victimología, son pocas las teorías cuyo éxito empírico es tan grande como para que quepan pocas dudas sobre su validez,

---

[4] *Vid:* ÁLVAREZ ÁLVAREZ, J.FRANCISCO; TEIRA SERRANO, DAVID; ZAMORA BONILLA, JESÚS: *Ob. cit,* P 58.

de tal modo que la mayor parte de las explicaciones que aportamos para un fenómeno no son las únicas posibles, pues podríamos encontrar, con relativa facilidad, otras explicaciones alternativas que tendrían las mismas bases para ser aceptadas.[5]

Entre las teorías victimológicas que he tenido la posibilidad de elaborar por medio de investigaciones empíricas encontramos las siguientes:

- Teoría del Galimatías o Caos victimológico.
- Teoría de la Finalidad metódica victimológica.
- Teoría de la Imprevisibilidad victimal.
- Teoría de la Probabilidad victimológica.
- Teoría de la Ramificación del daño victimológico.
- Teoría del Reflejo victimológico.

A la explicación de cada una de estas leyes y estas teorías dedicaremos la pesente obra.

---

[5] *Ibidem.*

Las Categorías victimológicas.

Las categorías victimológicas son fruto del conocimiento y la generalización de la experiencia del conocimiento y la práctica de toda la historia precedente de la humanidad. Son los puntos clave, los peldaños del conocimiento victimológico mediante los cuales el pensar capta en forma lógica conceptual la esencia del fenómeno victimológico.

Las categorías victimológicas a través de su interrelación reflejan propiedades y conexiones universales de la naturaleza, la sociedad y el pensamiento. De ahí su valor metodológico en la necesidad de emplearlas en la investigación de fenómenos concretos de la realidad y del pensamiento.

Cada categoría victimológica refleja un aspecto del mundo objetivo y a su vez constituyen un sistema íntegro, por eso solo pueden ser entendidas como elementos de un determinado sistema. Vale destacar que las categorías victimológicas no pueden ser interpretadas en divorcio con las leyes fundamentales de la Victimología. Algunas de ellas se condicionan regularmente a otras aunque se manifiestan con ese carácter de nexo regular y expresan a su vez el carácter contradictorio de la realidad. En este caso, algunos estudiosos hasta prefieren considerarlas como leyes no fundamentales de la Victimología basadas en explicaciones dialéctico-materialistas por el carácter reiterado y relativamente constante de manifestarse.

Las categorías victimológicas fundamentales son:

1- Víctima.
2- Victimario.
3- Factores victimógenos
4- Proceso de victimización.
5- Proceso de desvictimización.
6- Suceso victimizante.
7- Relación victimológica.
8- Daño victimológico.
9- Riesgo victimológico.
10- Victimidad.

Las categorías victimológicas no pueden ser comprendidas en su totalidad si no se establece claramente las interconexiones que entre ellas existen. Estas son un reflejo subjetivo (nivel científico) de la realidad objetiva. Es decir, que el carácter cambiante de la realidad les confiere un determinado modo de ser que se refleja en nuestro conocimiento bajo la forma de tendencias, comportamientos, dirección y sentidos fundamentalmente. Por estas razones, nada haríamos con mencionarlas si no establecemos las relaciones regulares entre ellas. En este sentido, para su mejor comprensión, realizaremos un análisis de las interrelaciones existente entre estas categorías a partir de las categorías universales de la dialéctica materialista.

Lo individual y lo universal en las categorías victimológicas: El carácter individual de las categorías victimológicas se expresa en la distinción de cada una de ellas con las otras, lo que le es propio al objeto que estudia y el contenido que alcanza dicha categoría. Es decir, lo particular de esa categoría respecto a las demás. Pero cualquier categoría victimológica no es más que un momento dentro de un sistema integral. Ahora bien, la comunidad de propiedades y soluciones se expresa con la categoría dialéctica de *lo universal*. O sea, el conjunto de elementos comunes entre todas las categorías victimológicas será lo que determine lo universal en el fenómeno victimológico o respecto a unas con otras. Cuando hablamos de lo universal estamos hablando de comunidad entre estas categorías victimológicas expresadas en semejanza de propiedades, el nexo genético y la conexión del fenómeno victimológico como objeto de estudio con el sistema del mundo y por ende, de la Victimología con otras ciencias afines.

Este tipo de relación dialéctica tiene una enorme importancia para el estudio y tratamiento práctico del fenómeno victimológico. De esta manera, la Victimología al tratar con las generalizaciones[6] opera con conceptos generales brindando la posibilidad de establecer leyes, pertrechar así la

---

[6] En este sentido nos referimos a la Victimología en su concepción más general y no en cuanto a las síntesis victimológicas, lo cual no desmerita que las mimas síntesis reiteradamente recurran a lo universal para explicar las razones de su objeto de estudio y sus elementos individuales.

práctica, con la previsión científica y resolver su problema fundamental.

Relación causa-efecto en las categorías victimológicas: Los conceptos de causa y efecto han sido elaborados en el proceso de la práctica social y el conocimiento del mundo siendo *la causalidad* una de las formas de existencia de la conexión objetiva universal de los fenómenos. Según esta categoría dialéctica (causa-efecto) el fenómeno que da vida a otro es su causa. El resultado de este proceso es el efecto y la causalidad es un nexo interno objetivo, necesario y universal entre los fenómenos.

En las categorías victimológicas esta interrelación se expresa en la correlatividad causal entre unas y otras. Así, el suceso victimizante es la causa material del daño victimológico y este a su vez es la causa material de la relación victimológica. Por tanto, el daño victimológico es efecto del suceso victimizante y, a su vez, la relación victimológica es efecto de ese daño victimológico y será causa, a su vez, de otro fenómeno.

Ahora bien. La causalidad estaría expresada por la necesidad dialéctica de ese resultado y esa causa. En el mismo ejemplo que citábamos anteriormente la causalidad estaría marcada en la obligatoriedad, lo imprescindible, la imperiosidad de la existencia o manifestación de una categoría para que exista o se materialice otra. Así, para que surja una relación victimológica obligatoria imperiosamente tiene que producirse un daño victimológico. No existe otra alternativa, por tanto, la relación entre el daño victimológico y la relación victimológica, más allá de causa, es de causalidad. Lo mismo sucede entre los factores victimógenos y el riesgo victimal, pues para que exista este último tiene necesariamente que existir el primero o de lo contrario dicha categoría no podría acontecer.

Al estudiar esta relación entre las categorías victimológicas no debe confundirse la *causa* con el *motivo*, pues, como ya habíamos manifestado anteriormente en esta obra, el motivo es un acontecimiento que precede a otro pero no lo engendra, no lo determina, no constituye un principio genético, sino una específica condición para su aparición. Como ejemplo podemos citar una circunstancia dada que desencadena al suceso victimizante produciendo el daño victimológico. En este sentido, la causa sería el actuar del victimario, aún cuando se trate de un acontecimiento natural inesperado. La causalidad sería el riesgo victimológico y la madurez de los factores victimógenos y el motivo sería la circunstancia concreta que produce el daño; o sea, que incentiva al victimario o descubre el erróneo actuar del mismo tal y como suele suceder en los fenómenos naturales.

Comprender esta relación es fundamental para el estudio de la Victimología y su aplicación ya que permite explicar naturalmente, lejos de supersticiones, la causa y relación entre los fenómenos en el ámbito científico victimológico.

La necesidad y la casualidad en las categorías victimológicas: según esta categoría dialéctica, lo necesario se desprende de la esencia de las cosas y en determinadas condiciones debe ocurrir.[7] Lo necesario en las categorías victimológicas se desprende del análisis realizado en cuanto a la relación de causalidad entre algunas de estas categorías. Pero propiamente dicho podríamos tomar como mejor ejemplo las propias leyes victimológicas tratadas en este texto; pues, en tanto leyes científicas, establecen relaciones entre categorías y estas relaciones se fundamentan en que las mismas se deben producir bajo determinadas condiciones. En este sentido, toda relación expuesta en las leyes de la Victimología tratadas en esta obra responden a lo necesario; o sea, bajo determinadas condiciones esas relaciones entre las variables que conforman sus axiomas siempre deben producirse.

Por su parte, lo casual es lo que en determinadas condiciones puede o no suceder, puede originarse de una u otra forma. Lo casual es una forma de presentarse lo necesario. Si tomamos como ejemplo la Tercera Ley victimológica o Ley

---

[7] Aquí vale distinguir entre lo necesario y lo inevitable, pues no todo lo necesario es inevitable. La necesidad puede ser inevitable cuando se discuten todas las demás posibilidades y sólo queda una.

de la Síntesis Victimológica[8] veremos que la condición establecida en esta relación es la equivalencia cualitativa y cuantitativa entre el grado de daño y el grado de reafirmación de los derechos de la víctima. O sea, si se reafirman los derechos de la víctima a determinado nivel entonces necesariamente en ese mismo nivel debe negarse el daño victimológico hasta ser ínfimo. En otras palabras, siempre que se produzcan determinadas condiciones se tiene que producir el enunciado de la ley científica. Esa es la expresión de necesidad dialéctica. La casualidad dialéctica se manifestará si, aún manifestándose las condiciones de necesidad expresadas, por la intervención de agentes externos, otros factores y/o circunstancias fortuitas no se cumple el postulado de la ley (negar el daño victimológico en la medida que se van reponiendo los derechos de la víctima). Ello no quiere decir que por la ocurrencia de una casualidad la ley sea falsa o pierda todo su valor científico.

---

[8] Recordemos que esta ley plantea que el daño victimológico solo será negado en la medida que sean reafirmados los derechos de la víctima

Ahora bien, si en las relaciones entre las categorías victimológicas se establecen las condiciones de necesidad que propugnan las leyes de la Victimología y no existen intervenciones de circunstancias fortuitas o fenómenos ajenos, o sea, no se producen casualidades y aún así no se cumple el postulado de la ley, entonces no se debe dicha contrariedad a una casualidad sino que habría que ver si se debe a alguna cláusula *ceteris paribus*[9] que haya predicho dicha eventualidad en los postulados de la ley en cuestión. O sea, si las condiciones de necesidad se propician y aún así no se cumple la ley independientemente de que no concurran

---

[9] Cuando se formula cualquier principio científico y se intenta derivar a partir de él predicciones o explicaciones bajo ciertas condiciones iniciales, estamos asumiendo explícita o implícitamente que los factores considerados en esos principios son los únicos que entrarán en juego, es decir, que otros factores no van a perturbar el sistema que estamos estudiando. Esto se resume diciendo que los principios van acompañados habitualmente de una cláusula *ceteris paribus* que en latin significa "Lo demás permanece igual". La cláusula en cuestión sería, hablando coloquialmente, una excepción a la regla general, excepción que ha sido preestablecida desde el momento que se fijó la regla general y siempre responde a casos o circunstancias indefinidas o abiertas. Al respecto *Vid:* ÁLVAREZ ÁLVAREZ, J.FRANCISCO; TEIRA SERRANO, DAVID; ZAMORA BONILLA, JESÚS: *Ob. Cit.* P 57.

casualidades y no existe ninguna excepción determinada por la ley (cláusula *ceteris paribus*), entonces tal ley no es verdadera. Con esto queremos decir que el carácter necesario de las relaciones entre las categorías preestablecidas en las leyes científicas victimológicas solo debe ser interrumpido por supuestos predeterminados en cláusulas *ceteris paribus* o por casualidades sin que ello signifique la invalidez de la ley correspondiente. Por estas razones no debe confundirse la casualidad con la cláusula *ceteris paribus*, pues, aunque ambas son excepciones a la necesidad de las relaciones entre las categorías victimológicas, no son lo mismo. Es precisamente sobre este tipo de relación entre las categorías victimológicas que se fundamentan las leyes de la ciencia en cuestión.

La relación posibilidad y realidad en las categorías victimológicas: La relación *posibilidad* y *realidad* entre las categorías victimológicas se manifiesta en la correspondencia orgánica entre unas y otras. La *posibilidad* es una realidad potencial, interna. Dicho en otras palabras, esta interconexión entre las categorías victimológicas se establece en lo posible de sucederse cada una y lo real de su existencia. Por ejemplo, el daño victimológico sólo es real si es posible y a su vez será posible si existen elementos u otras categorías victimológicas como los factores victimógenos y el riesgo victimal que indiquen potencialmente dicha realidad. Entonces, la posibilidad es un indicador potencial de la realidad y ello se traduce en que algunas categorías pueden ser indicadores de una realidad: el daño victimológico.

En esta interconexión entre lo posible y lo real la primacía corresponde a lo real. Una categoría victimológica, aún cuando sea posible, sólo tomará la atención del victimólogo cuando esta sea real. Debemos dejar claro que si bien en el tiempo la posibilidad antecede a lo real, dicha posibilidad no es más que un momento de lo que existe ya como realidad. Por eso no podemos decir que para combatir el daño victimológico hay que esperar a que se produzca el mismo si ya tenemos conocimiento de que existe un riesgo victimal y existen factores victimógenos. Aunque unas categorías pueden ser, y de hecho lo son, indicadores de una realidad posible, todas forman una unidad dialéctica. Es precisamente en esta unidad dialéctica de la realidad y la posibilidad como interconexión de las categorías victimológicas que se fundamenta y erige toda la ingeniería del trabajo preventivo victimológico, ya sea general o especial.

La relación Contenido y Forma en las categorías victimológicas: La relación contenido-forma en las categorías victimológicas se manifiesta en la conjunción de momentos de la existencia de dichas categorías como unidades concretas. El *contenido* es la unidad de todos los elementos integrantes de la categoría victimológica, o sea, de sus propiedades, procesos, nexos, contradicciones y tendencias internas. La *forma* es el modo de organización de los elementos del contenido, la ley de su concatenación y también del modo de manifestación del contenido. Por ejemplo, en el *Proceso de victimización*[10] cada

---

[10] Recordemos que el proceso de victimización es un conjunto de actos, fenómenos sucedidos en el tiempo, con determinada relación causalista tendientes al desarrollo progresivo del riesgo victimal y culmina con la

uno de sus componentes estructurales está organizado concatenadamente. Estos no se suceden simultáneamente ni acontecen espontáneamente. Cada uno de sus elementos estructurales condiciona y posibilita al elemento sucesivo, pero de una manera lógica y ordenada. Por ejemplo; el contenido de los factores victimógenos determinan el contenido del riesgo victimal, dígase intensidad, tónica, etc.,[11] y a su vez, este determinará el del daño victimológico en este mismo sentido. Pero todo daño victimológico no se manifiesta de igual manera, pues un mismo daño puede manifestarse de disímiles maneras en circunstancias concretas iguales. El conjunto de particularidades de estas manifestaciones es la forma de la categoría.

---

materialización del daño victimológico, su intensificación o su ramificación determinando nuevas víctimas.

[11] PINATEL, J.: *"Tratado de Derecho Penal y Criminología"* España. P. 144. DURKHEIM: *"Les regles de methode sociologique" (Las reglas del Método Sociológico)*, P.U.F., París, 1949. P. 103. FERRI, E.: *"Sociología Criminale" (Sociología Criminal)*, Boca, Turín, 2da edición. 1900. P. 235. Para toda esta problemática, HERRERO HERRERO, C. *"Criminología" (Parte general y especial)* 2da edición, aumentada y actualizada. Editorial Dykinson, Madrid, 2001. P. 207. Al respecto *Vid*: AGUILAR AVILÉS, DAGER: *Ob. Cit (El delito de Proxenetismo y su Prev...).*P. 16.

Cada categoría victimológica tiene su contenido y su forma.

Ahora bien, en la relación entre contenido y forma en las categorías victimológicas no media un abismo infranqueable. Pueden trocarse el uno con la otra y viceversa.

La unidad de la forma y del contenido implica su relativa independencia y el papel activo de esta con respecto al contenido. La relativa independencia de la forma se expresa en que puede rezagarse o adelantarse al contenido en determinado marco sin que se afecte la unidad de la categoría correspondiente. El cambio de la forma supone reestructuración del contenido, y su retraso respecto a este conduce a una faceta de correspondencia entre lo uno y lo otro. Esto demanda un cambio para una nueva armonía que resulta en la aparición de una nueva calidad o de una nueva categoría victimológica.

Relación esencia- fenómeno en las categorías victimológicas: la relación esencia-fenómeno entre las categorías victimológicas se manifiesta en las distintas fases del conocimiento según los niveles de profundidad en que se ha calado la categoría en estudio y, ciertamente, su esencia.[12] El fenómeno es la revelación de la esencia, su forma de manifestarse. A diferencia de la esencia, el fenómeno se haya en la superficie, pero este no puede existir sin su esencia.

Si tomamos como referencia el fenómeno victimológico en toda su extensión sólo podremos entender su esencia si comprendemos la causa de su surgimiento, las leyes de su existencia, las contradicciones que le son propias, las tendencias de desarrollo y sus propiedades (que si varían, el fenómeno deja de ser tal). En este sentido, como ya habíamos descrito según la ley de la génesis y esencialidad victimológica, el

---

[12] Esencial quiere decir importante, determinante (necesario) en el fenómeno en cuestión. Cuando hablamos de esencia nos referimos precisamente a lo objetivamente regular. "La Ley y la esencia son conceptos del mismo tipo, del mismo grado y expresan la profundización del conocimiento por el hombre, de los fenómenos del mundo" *Vid*: LENIN.V.I: *"Cuadernos Filosóficos"*. Obras completas. Tomo XXXVIII. La Habana. 1964. P. 145. Sin embargo esencia y Ley no es lo mismo. La esencia es más amplia, más rica. Cuando describimos la esencia de un fenómeno lo expresamos con ayuda de sus leyes y categorías afines.

daño victimológico es la esencia del fenómeno victimológico. Con estos queremos decir que sin daño victimológico todas las categorías victimológicas pierden total o potencialmente sus propiedades.

Primera Ley o Ley de la Causalidad victimal

1. La Actividad Humana.

La conducta humana es uno de los grandes misterios científicos que el hombre nunca ha podido predecir, a pesar de los grandes avances en este cometido. Por eso, en lo que a ello respecta, existen dos temas a tener muy en cuenta por la Victimología a la hora de abordar su objeto de estudio: por un lado, la naturaleza que rige el actuar del victimario y la víctima misma en el fenómeno victimológico y, por otro lado, cuáles son los preceptos espirituales o subjetivos que rigen el comportamiento humano en toda su dinámica y expresiones.

Respecto al primero de estos elementos, la naturaleza que rige el actuar del victimario y la víctima misma en el fenómeno victimológico, existen tres posiciones funamentales. Una

31

posición biologicista que plantea que el actuar humano obedece a patrones biológicos y hereditarios. Otra posición considera que dichos comportamientos en cuestión obedecen a patrones puramente sociales y, por último, está aquella postura que adopta un carácter ecléctico al considerar que realmente el comportamiento humano, y con ello el de la víctima y su victimario obedecen a patrones sociales en unos casos y biológicos en otros, pero que no existe un divorcio total o supremacía entre una y otra naturaleza porque el hombre se desenvuelve y expresa en el contenido de ambas naturalezas a la vez.

Los que defienden estrictamente la naturaleza biológica del comportamiento humano parten del concepto de que lo biológico tiene que ser también lo genético (equivalente a lo "inato" en etología), pero si por lo biológico se entienden todos los aspectos anatómicos, fisiológicos y conductuales de los individuos, a todos los niveles de organización de la materia viva, lo biológico abarca tanto lo genético (lo hereditario), como lo fenotípico, y este último se sabe que solo en parte es determinado por el genotipo.[13] Conforme esta posición los animales no tienen conducta moral tal y como nosotros la conocemos, pues no tienen autoconciencia; pero los estudios etológicos demuestran que toda especie animal regula sus instintos egoístas y se comporta de una forma socialmente aceptable. En este caso la selección natural ha producido cerebros integrados, en los cuales las conexiones neuronales entre los sistemas límbico y cortical, eliminan la posibilidad de una lucha entre los centros inferiores y superiores de la conciencia. Si los genes pueden coordinar la conducta de los animales sociales (por la vía de las apropiadas interconexiones nerviosas), entonces ellos también pueden coordinar el cerebro humano, y si a esto se le denomina moralidad, entonces la moralidad es neural y está controlada por los genes. No hay nada externo que nos limite a un molde aceptable en lo social, lo esencial es el mecanismo de control interno, del cual las prescripciones morales del mundo social no son más que sus manifestaciones

[13] BEROVIDES ÁLVAREZ, VICENTE: *"Conducta Humana. Herencia o Ambiente"*. Editorial Científico Técnica. La Habana.Cuba. 2011.P. 25.

externas.[14] Algunos de estos mismos autores toman caracteres humanos supuestamente únicos y buscan evidencias de procesos homólogos en otras especies no humanas, pero su enfoque es biologizante cuando señalan que a la luz de sus conclusiones la única vía abierta a la teoría social es retomar la biología y comenzar de nuevo. Para estos autores existe una continuidad entre lo biológico y lo social sin ninguna discontinuidad apreciable.[15] Sin embargo, en contraposición a los anteriores puntos de vista, la mayoría de los sociólogos y antropólogos ven derechos y obligaciones, no como provenientes de mecanismos psicobiológicos controlados por los genes, sino como fenómenos que surgen en cada generación, del tutelaje tradicional de los antepasados.[16]

Los que consideran que el comportamiento humano obedece exclusivamente a patrones sociales parten de la idea de que el ser humano es ante todo un ser social, independientemente

---

[14] *Ibídem*
[15] *Ibídem*
[16] *Ibídem*

de que tenga una estructura anatómica y algunas funciones derivada de esta naturaleza. Se plantea que es en la sociedad donde el hombre alcanza la plenitud de su esencia. Es por medio de la cultura que el hombre regula su comportamiento y es el medio ambiente que le rodea y su percepción al respecto lo que condiciona fundamentalmente el comportamiento humano. Los que aplauden esta posición no rechazan la existencia de una carga biológica en la causa del comportamiento humano, sino que destacan la primacía de lo social respecto a lo biológico.

Una tercera posición, como habíamos hecho mención, es la ecléctica que manifiesta que el comportamiento humano, y con ello el de la víctima y su victimario, obedecen a patrones sociales en unos casos y biológicos en otros, pero que no existe un divorcio total o supremacía entre una y otra naturaleza porque el hombre se desemvuelve y expresa en el contenido de ambas naturalezas a la vez.

Entre las conlclusiones a las que se llega desde esta postura encontramos las siguientes:[17]

1-   La influencia genética sobre las conductas existe y es real, hoy se reconoce que viene dada mayormente por mutaciones en los genes reguladores. El problema no es este, sino la tendencia del público en general a cambiar esta influencia por un determinismo en el cual los genes determinan las conductas sin considerar las influencias del sistema epigenético, así como el ambiente personal y sociocultural.

2-   Genes y ambientes, se entrelazan unos con otros por mecanismos de retroalimentación de una manera bastante compleja y es solo recientemente que se ha comenzado a entender este entramado.

3-   Muchas variantes conductuales son un *continum* de tipos normales y anormales, por lo que no puede hacerse una clara separación entre estos para su mejor estudio.

---

[17] *Ibídem.*

4- Determinar el grado de herencia de un carácter(heredabilidad), es de igual importancia para los interesados en los efectos genéticos, que en los efectos ambientales sobre este carácter, porque las alteraciones genéticas que influyen en ciertas conductas automáticamente no siempre la producen. Ello depende del ambiente con el que interactúan estas alteraciones. Conocer los ambientes que anulan conductas negativas, es también parte de la investigación en genética conductual.

5- Las conductas codificadas en nuestros genes e influidas por el ambiente, son el producto de la evolución humana por selección natural y procesos aleatorios. Muchas de estas han llegado hasta nosotros porque tienen o tuvieron una ventaja adaptativa para el individuo o el grupo, por lo que fueron seleccionadas a favor. Esto se hace de manera que puede o no mediar la conciencia y pueden ser independientes de los valores morales que le dan a los humanos (infanticidio, homosexualidad, agresividad, infidelidad, etcétera).

6- La mente humana a través de la cultura (en sentido más amplio), puede hacer que muchas conductas con un fuerte componente genético y de alto valor adaptativo, cambien su significado y se conviertan en adecuadas para determinada cultura, pero son inadecuadas desde la perspectiva genética y evolutiva (celibato religioso, mutilaciones, dietas no nutritivas, etcéteras)

7- Cada individuo humano es una combinación única e irrepetible de elementos genéticos y ambientales, que no es ni lo mejor ni lo peor que pudo producirse. Por este hecho, a la hora de tratar una variante conductual en un humano, que no sea la norma para su cultura, esta debe ser pesonalizada, como se pretende hacer con la terapia genética.

Al parecer, la posición ecléctica es la asumida por la Victimología moderna ya que al fundamentarse en tesis victimológicas las separa en tesis victimológicas naturales y sociales. Ello se debe claramente al criterio de existencia de una causalidad victimológica de orden biologicista y otra de orden social.

Respecto al tema referido a cuáles son los preceptos espirituales o subjetivos que rigen el comportamiento humano en toda su dinámica y expresiones la reflexión debe ser más profunda, dado que va más enfocado al tema a tratar en esta obra. Dicho tema no debe explorarse, por su naturaleza evidente, más allá de la psiquis humana.

El hombre vive inmerso en una búsqueda constante de su felicidad. Para ello se enfrenta a sus necesidades, entendidas estas como un estado de la persona que expresa su dependencia de las condiciones concretas de existencia y la cual actúa como estimulante para la actividad del hombre. Así, en su enfrentamiento a sus necesidades, el hombre establece un proceso de satisfacción de las mismas. Dicho proceso se manifiesta como un proceso activo, con un fin determinado y como un proceso que posee una forma de actividad desarrollada socialmente. Dada estas características podemos afirmar que las necesidades humanas poseen un carácter social. Esto se refleja en primer lugar, en que inclusive para la satisfacción de las necesidades que parecen tener un carácter estrechamente personal (por ejemplo las relacionadas con el consumo de alimentos) se utilizan los resultados de la división social del trabajo. En segundo lugar, para las satisfacciones de sus necesidades, el hombre utiliza los medios y mecanismos históricamente desarrollados en el medio social dado y requiere de determinadas condiciones. En tercer y último lugar, muchas necesidades del hombre son reflejo, además, de las exigencias de la sociedad, del colectivo, del grupo al cual pertenece la persona. Lo cierto es que el hombre en medio de la búsqueda de su felicidad expresa emocionalmente sus necesidades cognoscitivas (intereses)[18]. De esta manera estos intereses obligan a la persona a buscar activamente caminos y medios para satisfacer "ansias de conocimientos y saber"

---

[18] No se debe confundir el concepto "interés", que se emplea en la psicología, con el concepto "interés" impulsado por sociólogos y economistas (intereses personales, intereses sociales, itereses materiales, etc)

surgidas en ellas. A pesar de ello, la satisfacción del *interés* no lo agota del todo, sino que se transforma internamente, enriquece y profundiza originando la aparición de nuevos intereses que responden a un nivel más alto de la actividad cognoscitiva. Importante también son las *convicciones*, vistas estas como un sistema de necesidades conscientes de la persona que la impulsan a obrar de acuerdo con sus puntos de vista, principios y concepción del mundo. El contenido de las necesidades se manifiestan en convicciones, la forman los conocimientos de la persona sobre el mundo circundante, la naturaleza y la sociedad que le rodean y su comprensión determinada de ellos. Cuando estos conocimientos forman un todo sistematizado e internamente organizado de concepciones (filosóficas, éticas, estéticas y acerca de las ciencias naturales, etc) pueden considerarse como la concepción de la persona sobre el mundo.

Ahora bien, no basta con que exista un interés de la persona en satisfacer una necesidad, y la convicción de ello. También debe tenerse en cuenta las *aspiraciones* que dicha persona puede tener respecto a la satisfacción de esta y otras necesidades derivadas de ella a plazo mediato. Las aspiraciones deben se comprendidas como móviles para el comportamiento cuando la necesidad se expresa en determinadas condiciones de existencia y desarrollo, las cuales no están representadas en la situación dada en forma inmediata, pero que pueden ser creadas como resultado de la actividad especialmente organizada de la persona. Mención merece también en el estudio subjetivo de la actividad humana los *impulsos inconscientes* del individuo. Entre las formas de impulsos incoscientes más estudiadas se encuentra la *orientación*. Esta última es la preparación especial para satisfacer la necesidad cognoscitiva del sujeto. En otras palabras, es un estado de preparación inconsciente hacia determinada actividad y con la ayuda de la cual puede ser satisfecha una u otra necesidad.

Hasta aquí hemos expuesto en gran medida, en esta segunda parte, sobre la conducta humana y los diferentes procesos psíquicos que rigen la conducta externa de los hombres. Ahora corresponde valorar cómo cada uno de estos procesos psicológicos se integran e inciden en la personalidad humana, su consciencia y expresión conductual.

En reiteradas ocasiones se ha dicho que el hombre primero piensa y después actúa. El ser humano tiene una pluralidad de necesidades las cuales despiertan en él el interés por satisfacerlas. De esta forma el individuo establece un orden de prioridad entre una necesidad y otra, en lo que a su satisfación se refiere, así surgen los motivos y las convicciones para resolver estas necesidades y se completa el proceso de motivación que engloba todos los procesos psíquicos estudiados hasta el momento. Es así que la conducta humana generalmente es motivada.

En otras ocasiones el ser humano sufre determinadas anomalías cerebrales que determinan conductas que no son regidas por una cognición formada. Otras veces, estas conductas carecen de la capacidad del sujeto para controlar su voluntad, aún sabiendo el alcance de su actuar. Lo cierto es que la conducta humana es importantísima para el descubrimiento de las leyes victimológicas y la determinación de sus categorías y la relación entre estas. En esta obra no se pretende hacer un estudio profundo sobre la conducta humana, sino ubicar al lector sobre aquellas ideas que consideramos propedéuticas para el análisis de nuestro objeto de estudio esencial.

Ahora bien, la Primera Ley Victimológica o Ley de la Causalidad victimal plantea que *todo daño victimológico encuentra potencialmente su causa*[19] *en la actividad humana.*[20] Con este

---

[19] Cuando nos referimos a la "causa" no nos referimos solamente al origen del fenómeno victimológico (victimogénesis), sino que también aludimos a la causalidad como categoría dialéctica propiamente dicha. Es decir, como forma de existencia de la conexión objetiva universal de los fenómenos .Al respecto *Vid*: COLECTIVO DE AUTORES: *"Lecciones de Filosofía Marxista-Leninista".* Tomo I. Editorial Félix Varela. La Habana. Cuba. 2007. P.50. Al respecto *Vid*: ROSENTAL. MM y STRAKS G.M.: "Categorías del materialismo dialéctico". Traducido por Adolfo Sánchez Vázquez y Wenceslao Roces, Editorial Grijalbo, México, 1958.P.83-155. VLADIMIR KUDRIATSEV: *"La causalidad en el medio social"* en *Divulgación Jurídica*, No. 24, La Habana, 1986; FÍODOR KONSTANTINOV Y OTROS:

planteamiento queremos decir que todo suceso victimizante tiene una interconexión directa, interna, objetiva y universal con el actuar racional de los seres humanos. La relación establecida entre estas dos variables se fundamenta en el nexo causalista necesario entre las mismas.[21] La *causalidad*, aún cuando el suceso victimizante sea ocasionado por un acontecimiento natural, no debe confundirse con el mero *motivo*, pues este último precede a la causa, la posibilita pero no la engendra, ni la determina; o sea, no

---

"*Fundamentos de la filosofía marxista-leninista*", trad. de ISIDORO R. MENDIETA, Editorial de Ciencias Sociales, La Habana, 1979; COLECTIVO DE AUTORES: "*Teoría de las causas de la criminalidad en la sociedad socialista*", en *Divulgación Jurídica*, No. 17, La Habana, 1986, pp. 86-87.

[20] La Actividad humana no debe entenderse simplemente como el accionar físico humano, sino como la actitud, o sea, la posibilidad de los hombres de realizar acciones planificadas y concientes sobre la naturaleza, dirigidas a la satisfacción de sus necesidades, la existencia de un lenguaje como medio de comunicación y de operar con conceptos y la motivación de crear constantemente mecanismos para la asimilación del mundo, conservación y transmisión de las experiencias.

[21] Respecto al nexo causal de los fenómenos *Vid:* KUDRIATSEV, VLADIMIR: *La Causalidad en el medio Social* en "*Divulgación Jurídica*", No 24. La Habana. 1986

constituye su principio genético sino una simple condición para su aparición. [22]

Esta ley es de gran importancia pues permite dar la explicación natural del fenómeno victimológico y descarta la posibilidad de hacerlo recurriendo a causas supraterrenales.

---

[22] COLECTIVO DE AUTORES: ob. Cit. (*"Lecciones de Filosof...."*). P. 51.

Segunda Ley Victimológica o Ley de la Relatividad Victimológica

La Segunda Ley Victimológica o Ley de la Relatividad Victimológica plantea que *todo proceso de victimización y desvictimización es en su totalidad una unidad y a su vez una contradicción.* Con esto pretendo decir que el conocimiento victimológico y su aplicación son relativos, nunca absolutos. Esta ley tiene como objeto a los procesos de victimización y de desvictimización. En este sentido, las variables definidas por ella son la imprescindible unidad del conocimiento cierto sobre la identidad y evolución de los mismos. La victimización y la desvictimización realmente no son procesos totalmente opuestos, ni son tan rígidos, pues entre ellos existe una interconexión, una unidad fundamentada en que uno no existe sin el otro y a su vez, aunque parezcan contradictorios, uno existe en el otro. O sea, sin victimización no hay desvictimización y si no existieran los procesos de desvictimización no existiese la victimización. Pero la victimización existe en la desvictimización, pues no se puede desvictimizar a una persona sin necesariamente ocasionar perjuicios victimológicos a otra, generalmente al victimario, o al menos ocasionar un riesgo victimal. De la misma manera, la victimización forma parte del desarrollo dialéctico del conocimiento victimológico y el desarrollo social, Aunque parezca ilógico. La victimización es efecto de un fenómeno que resulta perjudicial a la sociedad y al sistema de relaciones sociales en su conjunto, por lo tanto, el proceso de victimización se torna necesario y complejo permitiendo la identificación de diversos problemas de índole individual, grupal y social y su negación relativa por medio de otro proceso de desvictimización es lo que permitirá un salto dialéctico en la resolución cuantitativa y cualitativa de las contradicciones expresadas en ese proceso de victimización y, consecuentemente, la evolución del conocimiento victimológico y el desarrollo social.

El otro aspecto que aborda esta ley es el referido al conocimiento victimológico mismo. En este sentido, el conocimiento victimológico es inagotable y por tanto relativo. De igual manera, la ignorancia sobre el fenómeno victimológico es relativa, pues muchos estudiosos ya han hecho Victimología sin saberlo. O sea, el ser humano puede identificar los problemas en la realidad objetiva, aún cuando premie la ignorancia sobre un tema o saber específicos. Si el conocimiento victimológico es inagotable[23] entonces la ignorancia está potencialmente en el conocimiento mismo y, a su vez, el conocimiento está y surge desde la ignorancia. Ahí está el carácter unitario y dialéctico de los pares contradictorios en el conocimiento victimológico. Todo estudio victimológico surge de una duda que dará lugar a la identificación de preguntas y problemas objetivos, estas serán resueltas desde proposiciones científicas hipotéticas (hipótesis) y

---

[23] *Vid*: POLITZER GORGE: *"Principios fundamentales de Filosofía"*. Imprenta nacional de Cuba 1961.P. Capítulo II.

estas a su vez darán lugar a conocimientos relativamente ciertos y empíricos a partir de la aplicación de métodos y técnicas de investigación. Así es como surgen las teorías y las leyes científicas; pero nunca podrá erigirse esta ingeniería científica sin una duda. Esta (la duda) necesita como presupuesto esencial a la ignorancia. El nuevo conocimiento generará más dudas que conllevarán a un conocimiento superior y así a la ciencia. Por tanto, el conocimiento victimológico es relativo, inagotable y a su vez, en su dinámica dialéctica, aparentemente contradictorio.

Esta ley es de gran importancia porque ayuda a entender con espíritu crítico dónde está la génesis de la Victimología, cuáles son las fuerzas de luchas y hacia dónde debe enfocarse el quehacer científico, qué es lo que puede estar opuesto al camino del progreso y qué lo favorece y, sobre todas las cosas, a ser intransigente con toda manifestación de estancamiento, conservadurismo y dogmatismo.

Tercera Ley o Ley de la Síntesis Victimológica

Nuestra Tercera Ley o Ley de la Síntesis Victimológica plantea que *el daño victimológico solo será negado en la medida que sean reafirmados los derechos de la víctima*. Con esta afirmación queremos decir que el daño victimológico es un fenómeno perjudicial al ser humano, al sistema de relaciones sociales imperantes y, por transitividad, a la sociedad en su conjunto. Sobre la máxima de que un mal debe ser negado con un bien, las ciencias esbozan la justicia sobre la negación de todo aquello que sea contrario a lo que es considerado bueno, según el momento histórico concreto correspondiente y la esencia clasista particular descrita por la sociedad. [24]

Conforme a esta ley, el suceso victimizante ocasiona un daño victimológico el cual suprime determinados derechos de la víctima y/o, según la naturaleza del suceso victimizante, pone al descubierto la causalidad de la victimización intrínseca a la actividad humana. Es decir, el daño victimológico es una negación de los derechos de la víctima y/o un descubridor de aquellos derechos que ya han sido vulnerados o lesionados por la actividad humana. En este sentido, es preciso negar todo ese daño victimológico por medio de la reposición de los derechos lesionados a la víctima y/o la eliminación de toda causalidad victimológica posible de dicho daño, así como sus consecuencias. Por tanto, si el daño victimológico niega los derechos de la víctima y su calidad de vida y si las medidas y mecanismos empleados para reponer dichos derechos vulnerados niegan al daño victimológico, entonces estos

---

[24] La negación debe ser entendida, a *grosso* modo, como la apreciación, valoración y aplicación de métodos que conlleven a la supresión de un fenómeno.

mecanismos y medidas para negar el daño son una reafirmación de los derechos de la víctima y, a su vez, un restablecimiento del orden social.

Aquí se establecen relaciones entre tres objetos de estudio de la Victimología devenidas en variables con propiedades de sistemas concretos a saber: el daño victimológico, la víctima con sus derechos intrínsecos y la reparación del daño victimológico ocasionado. Estas relaciones se expresan en dos negaciones y una reafirmación (*processus*).[25] Por tanto, la Ley de la Síntesis Victimológica se expresa lógicamente de la siguiente manera: La víctima y sus derechos correspondientes (Afirmación o Tesis victimológicas) ,Daño victimológico(Negación o antítesis) y Reparación del daño victimológico(síntesis)

Ahora bien, esta ley no se limita con determinar a la reparación del daño victimológico como la síntesis del equilibrio necesario para que la sociedad funcione correctamente, sino que

[25] RAMÍREZ, JUAN BUSTO Y LARRAURI, ELENA: *"Victimología, Presente y Futuro"*. PPU. Barcelona. 1993. P.13. *Vid:* GERMAN, ALLER: *Op. Cit.* P.267.

establece otra relación entre las variables determinadas en su axioma la cual deviene en la condición fundamental del desarrollo y aplicabilidad de esta ley. Esta otra relación está dada por su cualidad y su cantidad; o sea, la cuestión no es negar por negar, sino negar en la medida exacta y la manera exacta según las circunstancias de la realidad objetiva en la que se desencadena el daño victimológico. Ese debe ser la habilidad a desarrollar por el victimólogo o funcionario en cuestión.

Como bien expresa la ley en cuestión y recreando la idea anterior, sólo se negará el daño *en la medida* que se reafirmen los derechos. La reparación del daño victimológico nunca debe ser mayor que el daño en sí mismo, pues esto ocasionaría, como bien habíamos expresado en epígrafes anteriores, un abuso de poder por parte de las víctimas que devendría en la mayoría de los casos en victimización del victimario. Ello ocasionaría también una explosión de personas autonombradas víctimas al ver los beneficios que reportaría el ser consideradas como tal por las instituciones estatales.[26] Ahora el problema sería determinar los mecanismos de medición del daño victimológico y los parámetros necesarios para hacerlo corresponder con las medidas de reparación del mismo, así como los métodos idóneos para realizar dicha valoración, su aplicación y control de su ejecución. Estos aspectos los abordaremos detalladamente en los siguientes capítulos.

Por su parte, el carácter cualitativo de esta relación entre las variables definidas por esta ley se expresa en la calidad de las medidas aplicadas para la reparación del daño victimológico. Pues dichas medidas no deben ser exclusivamente penas privativas de libertad o resarcimiento pecuniario ya que dogmatizar a estas como formas, por excelencia, de reparación del daño victimológico provoca una concentración de casos ante tribunales en detrimento de la prevención victimal y seguridad ciudadana como tareas y obligaciones de los

---

[26] Este es uno de los supuestos que contemplo en la elaboración de mi teoría del galimatía o caos victimológico.

Estados para con sus ciudadanos.[27] La búsqueda de nuevas formas de reparación del daño victimológico debe ser objeto priorizado de investigación para aquellos científicos e instituciones que se dedican al estudio de la Victimología.

Como hemos visto, la Ley de la Síntesis Victimológica permite condicionar la conexión que indica la tendencia del desarrollo de la Ciencia victimológica. Es, en fin, el molde que establece el límite del contenido de la ciencia para cada momento concreto.

---

[27] Realmente no basta con que haya que esperar la producción de un daño victimológico para que el Estado indemnice a las personas, sino que debe ser tarea constante del Estado y sus instituciones el prevenir que dicho daño no se produzca y agudizar la seguridad ciudadana. Estos problemas son muy comunes en la actualidad. Lo cierto es que resulta preferible cobrar un por ciento de dinero a las personas durante su vida en virtud de que si sufrieren algún daño victimológico serían garantizados sus derechos a una buena asistencia médica, retribución de materiales, etc. Estas cuestiones de "seguros" devienen en un negocio multimillonario sobre el riesgo victimal de las personas donde el Estado cobra por dar seguridad ante una situación victimológica indeterminada sobre la base del constante riesgo que corren los seres humanos ante la victimización.

Ley de Infinitud victimológica o Cuarta ley

Por su parte, La *Ley de Infinitud victimológica* o Cuarta Ley plantea que *el daño victimológico es infinito y constante, nunca podrá ser negado en su totalidad y el riesgo victimal describe similares características*. Esta ley para nada constituye una contradicción con la Ley de Síntesis Victimológica, pues en realidad, lejos de negarla, la complementa. En este caso, la infinitud victimológica toma como objetos o variables al daño victimológico y el riesgo victimal.

La relación entre estas variables se basa en el carácter infinito y constante del daño victimológico en detrimento del carácter agotable de las medidas de reparación del mismo. Con ello queremos decir que el conocimiento sobre el daño victimológico es inagotable y, por tanto, relativo. Esta variable es constante hasta tanto alguna fuerza disminuya su intensidad, su dirección y su tónica. O sea, el daño victimológico una vez causado permanecerá con igual intensidad, tónica y dirección sobre la persona victimizada y cambiaría alguna de estas variables a partir de que interviniese una fuerza sobre el victimario y las circunstancias utilizadas para la victimización provocando así un incremento o disminución en los niveles de intensidad, tónica y dirección. Esta fuerza interventora puede ser producida o casual.

Por su parte, el carácter infinito del daño victimológico se expresa en la permanencia del mismo sobre la víctima con más o menos intensidad y aún cuando el daño haya sido negado siempre quedan secuelas, por ínfimas que sean, que resultan irreparables. Estas secuelas pueden ser físicas o psicológicas. Estas últimas son las predominantes en los sujetos víctima que he tenido la oportunidad de investigar y por tanto, el daño victimológico nunca será negado en su totalidad.

En el caso del riesgo victimal, la Ley de Infinitud Victimológica predice también infinitud y constancia. O sea, el riesgo victimal es constante y puede variar según las distintas circunstancias y fuerzas que intervengan. En este caso, la constancia es un presupuesto y condicionante de la infinitud del riesgo, pues mientras el riesgo victimal se mantenga constante será infinito y en cuanto varíe estará más próximo a desaparecer o a materializarse en daño victimológico.

Hasta aquí hemos destacado determinadas características similares (infinitud y constancia) que permiten establecer una relación entre el daño victimológico y el riesgo victimal, pero no basta con determinar estas características si no se establecen los criterios de interconexión entre ambas variables, o sea, la manera en que, amén de estas similitudes, interactúan estas variables conforme a los axiomas de esta ley.

La interconexión entre el daño victimológico y el riesgo victimal se expresa en que el último precede necesariamente al primero. Todo daño victimológico inicia por un riesgo victimal. Esto permite afirmar que el daño victimológico sigue el *íter* del riesgo victimal en su misma dirección, tónica e intensidad. El daño victimológico es el estadío materializado, intensificado y corporificado del riesgo victimal. Ello equivale a decir que el riesgo victimal condiciona al daño victimológico en cuanto a dirección, tónica e intensidad.

Ahora bien, según esta ley, cabría preguntarse si tanto el daño victimológico y el riesgo son predecibles y medibles o si esta ley es en sí una negación o contradicción del carácter científico de la Victimología al manifestar la imposibilidad de predicción y medición de los fenómenos y objetos de estudios respectivamente de manera exacta. Respecto a la primera interrogante consideramos que el daño victimológico al igual que el riesgo victimal son impredecibles en su totalidad y con exactitud, lo cual no niega para nada la posibilidad de pronósticos probabilísticos sobre estas variables. También consideramos que ambos pueden ser medidos aunque no con exactitud ni de manera literal, pues en las ciencias sociales tales operaciones alcanzan un significado diferente y se emplean metodologías que arrojen resultados aproximados, no exactos, dado la heterogeneidad de la sociedad y su constante evolución y desarrollo. Respecto a la segunda interrogante, consideramos que para nada esta ley le resta credibilidad científica a la Victimología, pues, en verdad, el hecho de que no se pueda predecir con exactitud determinados comportamientos no significa que no exista un sistema de conocimiento científico. Lo cierto es que las variables que describe esta ley solo pueden ser agotadas, en lo posible, por la ciencia victimológica.

Quinta Ley o Ley de la Ultractividad victimológica o de Gravitación Victimal

La Quinta Ley o Ley de la Ultractividad Victimológica o de Gravitación Victimal establece que *todo daño victimológico necesariamente tiene como último objeto para su concreción: al ser humano.* Según esta regla, la victimización solo puede ser ejercida sobre personas, pero no necesariamente de manera directa. En los casos en que el daño victimológico se ejerce de manera directa sobre un objeto, el medio ambiente u otra identidad diferente del ser humano no deben confundirse a estas identidades con la víctima, pues siempre la víctima será el ser humano. Un ejemplo claro puede ser la destrucción de un ecosistema; pues aunque desaparezcan en dicho entorno una parte significativa de la flora y la fauna, estas no deben entenderse como víctimas pues el desequilibrio ocasionado siempre será perjudicial al ser humano a corto, mediano o largo plazo. En este caso representativo, la víctima es el ser humano y el ecosistema es el bien jurídico lesionado. Esta ley establece como variables al daño victimológico y al ser humano mismo. El daño solo adquiere el calificativo de "victimológico" cuando alcanza a la humanidad, o sea, cuando sus efectos recaen y se materializan en el ser humano. El daño sufrido sobre el medio ambiente no es victimización, sino una lesión de un bien jurídico fundamental a la humanidad. Por estas razones, cuando oímos hablar de un daño al medio ambiente, por ínfimo que sea, no debemos sentirnos ajenos sino victimizados; de ahí la corriente de pensamiento contemporáneo de considerar al medio ambiente como un bien jurídico y contemplarlo como tal en los cuerpos penales sustantivos.

Según la Ley de Ultractividad Victimológica, la relación establecida entre el daño victimológico y el ser humano mismo reside en la "necesidad" de concreción del daño. O sea, como habíamos señalado anteriormente, recaer en el ser humano es una condición esencial para que el daño adquiera el calificativo de victimológico y, por ende, entrar a la esfera de la Victimología. De este planteamiento se desprende que dicha relación es imprescindible también para el desarrollo ulterior del proceso de victimización.

Sexta Ley o Ley de la Proporcionalidad Victimológica

La Sexta Ley o Ley de la Proporcionalidad victimológica, establece que *entre determinadas variables victimológicas se establecen relaciones de proporcionalidad directa e inversa con otras que, si bien todas no son victimológicas, sí forman parte del objeto de estudio de esta ciencia.* Con ello queremos decir que los cambios cuantitativos de algunas variables al acumularse de manera continua y gradual, a mediano o largo plazo, alteran la medida del objeto victimológico y originan cambios cualitativos cardinales.

Entre las variables relacionadas encontramos: La seguridad ciudadana, capacidad estatal de resarcimiento del daño victimológico, cifra negra victimológica, riesgo victimal, cantidad de delitos o índice delictivo, etc. Así las relaciones proporcionales entre las variables de esta ley con otras variables se establecen, a modo de ejemplo, de la siguiente forma:

1- Si a mayor número de delitos hay menor seguridad ciudadana, y a menor seguridad ciudadana hay mayor riesgo victimal, entonces el riesgo victimal es directamente proporcional al índice delictivo.

2- A mayor índice delictivo hay mayor cifra negra delictiva y a mayor cifra negra delictiva hay mayor cifra negra victimal entonces a mayor índice delictivo hay mayor cifra negra victimal.

3- Si a mayor cifra negra victimal hay menor seguridad ciudadana, y a menor seguridad ciudadana hay menos capacidad del Estado para aplicar eficientes políticas preventivas victimológicas, entonces a mayor cifra negra victimal menor eficiencia de las políticas preventivas victimológicas.

Por tanto, el número de delitos, el riesgo victimal, la cifra negra victimal son directamente proporcionales y, a su vez, cada una de estas variables es inversamente proporcional a los niveles de seguridad ciudadana y a la eficiencia de las políticas públicas de prevención victimológica. Así mismo, la seguridad ciudadana y la eficiencia de las políticas públicas de prevención victimológica son directamente proporcionales.

Esta ley es sumamente importante pues revela la complejidad y dinámica del proceso victimológico. Exige que se estudie el fenómeno victimológico como una unidad de aspectos cualitativos y cuantitativos y se vean las complejas interconexiones de dichos aspectos y los cambios de soluciones entre ellos.

Ahora bien, aunque pudiera parecerlo, lo importante en esta ley no es la determinación del número necesario para establecer exactamente cuándo una variable comienza a influir proporcionalmente en la otra, pues estaríamos esquematizando matemáticamente una regla que por su naturaleza científica obedece a un dinamismo constante propio de las ciencias sociales. En este sentido, lo exigible es saber identificar la génesis de la contradicción cantidad-calidad como manifestación del principio general de contradictoriedad[28] de todo lo existente, o sea, entre las categorías victimológicas.

---

28 Este principio fue llamado por Lenin como *"teoría de las contradicciones"* como núcleo de la dialéctica. *Vid*: Lenin, V.I: *"Cuadernos Filosóficos"*. SÁNCHEZ LINARES, FELIPE: *"Filosofía Marxista Leninista, Materialismo dialéctico e histórico"*.

Séptima Ley o Ley de la Génesis y Esencialidad Victimológica.

La Séptima Ley o *Ley de la Génesis y Esencialidad Victimológica* establece que *la esencia del fenómeno victimológico y la génesis de su conocimiento están en el daño victimológico y no en la víctima.* O sea, el daño victimológico es la categoría fundamental del conocimiento Victimológico. Las leyes de su existencia, las contradicciones que le son propias y sus propiedades determinan la objetividad y subsistencia del objeto de estudio victimológico y los límites de esta ciencia.

La determinación de la esencia del fenómeno victimológico es la tarea fundamental de la Victimología. Erróneamente tiende a concebirse actualmente a la víctima como esencia de esta erudición y ello trae consigo graves consecuencias, pues de esa manera se centra la atención en la víctima como núcleo del fenómeno vitimológico y se desvirtúa, hasta cierto punto, el rol e importancia del daño victimológico en dicha fenomenología. La verdad es que no existe víctima si no existe un daño victimológico previo y las ciencias, especialmente las jurídicas, nunca resolverán el problema de la víctima si no se ataca directamente al daño victimológico causado.[29]

---

[29] Parte significativa de esta confusión se le debe a los estudios sobre la víctima que durante siglos se han realizado, inclusive antes de que naciera la Victimología como ciencia en el siglo XX. Lo cierto es que antes de que naciera esta ciencia los estudios realizados tenían un sentido más académico que científico y tenían como objeto a la víctima propiamente dicha. No es de dudar que desde entonces se centre la atención del fenómeno victimológico en la víctima y resarcimiento del daño victimológico y no en el estudio de la esencia del daño y las características que lo trasladan al campo de la Victimología y no al de otras ciencias afines. Al respecto *Vid:* FERDINAND KIRCHHOFF, GERD: *"Perspectives on Victimology The Science, the Historical Context, the Present."* publicado en su página web personal ostensible en http://www.gerdkirchhoff.de/kirchhoff/index.aspx?page=35. consultado el 11 de septiembre de 2012. a las 10:45pm.

La Teoría de la Galimatría Victimológica o Caos Victimológico

La *Teoría de la Galimatría victimológica* o *Caos Victimológico* se encuentra muy relacionada con la Tercera Ley o *Ley de la Síntesis Victimológica*. Según expresa esta ley, el daño victimológico solamente puede ser negado en la medida que se reafirmen los derechos de la víctima que fueron vulnerados o quebrantados. En este sentido, se determina al daño victimológico como la antítesis de la tesis de la ciencia en cuestión, o sea, del respeto, observancia y protección garante de los derechos generales e individuales de los seres humanos. Así mismo, se determina la reparación del daño victimológico como síntesis de esta ciencia.

Ahora bien, según establece la Teoría del Caos victimológico, como bien ya habíamos hecho mención, si la reparación del daño victimológico excede el daño en sí mismo se produciría un abuso de poder por parte de las víctimas que devendría en la mayoría de los casos en victimización del victimario. Ello ocasionaría también una explosión de personas autonombradas víctimas al ver los beneficios que reportaría el ser consideradas como tal por las instituciones estatales. Al producirse estas consecuencias aumentarían los niveles de inseguridad ciudadana a tal punto que las políticas de prevención victimológica serían prácticamente inútiles, obligando al Estado a explotar *prima ratio* al Derecho Penal de tal manera que este se tornaría eminentemente simbólico producto de una desmesurada expansión, en el mejor de los resultados. Conjuntamente a estas consecuencias se declararía al Estado incapaz para resarcir pecuniariamente a todas las víctimas declaradas como tal por las autoridades competentes dado el costo económico que ello conllevaría.

Teoría de la Finalidad metódico-victimológica

La Teoría de la Finalidad metódico-victimológica se relaciona mucho con la Ley de la Infinitud Victimológica, la cual plantea que el daño victimológico es infinito y constante, nunca podrá ser negado en su totalidad y el riesgo victimal describe similares características. En este sentido, la teoría en cuestión establece que el método más efectivo para combatir el fenómeno victimológico es la prevención victimolológica desplegada hacia el fin de eliminar los factores victimógenos; si bien que el daño victimológico es constante y no resulta ilógico que la eliminación de todos aquellos elementos y factores que lo propician lo disminuye a su mínima expresión. Ello se debe a que mientras más presentes y desarrollados estén los factores victimógenos mayor es el riesgo victimal y el daño victimológico producido gracias a la

73

presencia de estos factores. Por estas razones, la prevención de los factores victimógenos debe ser metodológicamente la finalidad de la reparación del daño.

Teoría de la Imprevisibilidad Victimológica

La previsibilidad es entendida generalmente como la capacidad del ser humano para determinar el comportamiento de un fenómeno o su manifestación exacta antes de que este acontezca. En otro sentido, también se identifica la previsibilidad como la cualidad de los fenómenos para ser determinados con anterioridad a su ocurrencia. Así se habla de fenómenos previsibles y otros no previsibles. Lo cierto es que el hombre siempre ha utilizado su capacidad predictiva para adelantarse a la realidad y evitar aquellos fenómenos que le son perjudiciales. La propia ciencia tiene como objetivo predecir la ocurrencia de fenómenos y sus comportamientos y hacia allí debe enfocarse esencialmente el actuar del investigador científico. No obstante, existen fenómenos que no pueden ser predecidos en su totalidad o al menos en parte. Dos de esos fenómenos es el riesgo victimal y el daño victimológico.

Según la Teoría de la Imprevisibilidad victimológica, el daño victimológico es impredecible con precisión. Esta teoría se basa en la relatividad e inexactitud del conocimiento especializado sobre el propio daño. Si el daño victimológico es infinito, constante y proclive a ser intervenido por cualquier otra fuerza o fenómeno entonces valdría la pena considerar que resulta imposible predecir su condición y comportamiento futuro con puntualidad a largo plazo.

Teoría de la Probabilidad victimológica

Por su parte, la Teoría de la Probabilidad victimológica basa su fundamentación en el carácter sistémico de la sociedad. En este sentido, el grado de probabilidad de que un fenómeno victimológico suceda sobre la base de determinadas características singulares en un periodo de tiempo y lugar determinados va a depender de las veces que ese fenómeno se haya manifestado con tales características en dependencia de las alternativas existentes de que dicho fenómeno victimológico se exprese con otras características diferentes o similares en un momento y lugar concreto. En este caso se establece una razón lógica entre el fenómeno del cual queremos conocer su probabilidad de ocurrencia y las diferentes alternativas de manifestación de dicho fenómeno con características diferentes. Así, mientras más alternativas existan de manifestarse un fenómeno victimológico con características diversas menos probabilidades existe que este se manifieste con características particularizadas en un lugar y periodo determinado.[30] Esta teoría es bien importante en cuanto permite establecer un pronóstico de las intensidad, frecuencia y tónica de las tendencias criminales y victimológicas.

---

[30] *Vid*: AGUILAR AVILÉS, DAGER: *"El Pronóstico Probabilístico Lógico-matemático y complejo de las tendencias criminales en las sociedades actuales"* investigación inédita. 2010-2011.

Teoría de la Ramificación victimológica

La Teoría de la Ramificación victimológica establece que el daño victimológico se encuentra en constante desarrollo y se manifiesta el mismo en el fortalecimiento de su intensidad, pero también en la amplitud de su alcance. De esta manera, cuando el daño victimológico alcanza un grado tal de desarrollo se reproduce ramificándose y afectando a otras personas que devienen directa o indirectamente en víctimas del suceso victimizante primario. Así, un fenómeno victimológico en desarrollo puede convertirse a su vez en factor victimógeno, ser y crear condiciones victimógenas y ser motivo o catalizador de otros procesos de victimización.

Teoría del Reflejo Victimológico

La Teoría del Reflejo Victimológico se refiere a la solución materialista del problema fundamental de la Victimología, tratado en los primeros epígrafes de esta obra. Según esta teoría el fenómeno victimológico es una realidad que se refleja en los sujetos implicados, así como en la cognoscivilidad de los individuos y en la práctica social.

En cierto modo constituye una concreción del problema fundamental victimológico en la medida que la contraposición del conocimiento (como forma de manifestación de la conciencia) y la realidad es solo relativa y condicional. Por estas razones en una pluralidad de procesos de victimización, aún cuando correspondan a un mismo suceso victimizante y la misma naturaleza, siempre serán particulares unos respecto a otros y las relaciones victimológicas generadas describirán características diferentes unas de otras. Lo cierto es que cada proceso de victimización responde a una naturaleza o esencia específica. Ello fundamenta el criterio utilitario de esta teoría de que el fenómeno victimológico se debe encarar atendiendo a dos momentos: el de su expresión en la realidad (fenómeno victimológico real como objeto) y el de su reflejo (representaciones del fenómeno victimológico en los sujetos, el conocimiento y la práctica social en general). Del efectivo tratamiento de las representaciones del fenómeno victimológico dependerá la gravedad y permanencia de sus efectos y secuelas en los individuos y la sociedad, así como su reproducción en formas más complejas y niveles sociales superiores.

Esta teoría se refiere fundamentalmente a cuatro aspectos:

1- Los objetos y elementos que forman el contenido del reflejo existen fuera e independiente del sujeto. Pero el reflejo no puede existir sin lo reflejado, por lo que es dependiente a él.

2- El reflejo cognoscitivo es una reproducción ideal, una imagen más o menos adecuada del fenómeno victimológico.

3- En este sentido, la correspondencia entre esta imagen cognoscitiva y el fenómeno victimológico en sí es relativa, aproximada, ya que la realidad en desarrollo es más rica que su reflejo en la conciencia humana.

4- El conocimiento victimológico, en tanto reflejo, no es pasivo, sino activo, transformador y creador; está corregido por el pensamiento y está indisolublemente vinculado por la práctica del hombre social.

5- La conciencia del contenido del reflejo cognoscitivo con el fenómeno victimológico no es dada de una vez y para siempre, sino que posee un carácter procesal.

Esta teoría es muy importante porque intenta explicar cómo se reproducen los patrones victimológicos de una sociedad a otra y también de una generación a otra. Otra de las importancias se expresa en la posibilidad de comprender por medio de ella la dinámica de la cognición victimológica y las diferentes categorías filosóficas que le sirven de condicionantes y mediadoras.

Bibliografía

1. *"Enciclopedia Barsa";* Ediciones Encyclopaedia Británica Publishers, INC. México. (1985).
2. A, J. AYER: *"La filosofía y los problemas, actuales",* Madrid, España. 1981.
3. AGUILAR AVILÉS, DAGER: *"El Pronóstico Probabilístico Lógico-matemático y complejo de las tendencias criminales en las sociedades actuales"* investigación inédita..la Habana. Cuba. 2010-2011.
4. ALLER, GERMAN: *"Cuestiones Victimológicas de Actualidad: Origen de la Victimología, Seguridad, Cifra Negra, Personalización del conflicto y proceso penal"* en la Revista del Instituto Latinoamericano de las Naciones Unidas para la Prevención del Delito y el Tratamiento al Delincuente. No 27.Costa Rica. 2011.
5. ÁLVAREZ ÁLVAREZ, J.FRANCISCO; TEIRA SERRANO, DAVID; ZAMORA BONILLA, JESÚS: *"Explicación Nomológica y explicación Causal"* en *"Filosofía de Las Ciencias sociales"* Ed. Universidad Nacional de Educación a Distancia. Madrid. España. 2005.
6. ANTÓN ONECA, JOSÉ. *"Derecho penal, parte general",* Madrid. España,1949.

7. Antón Prieto, José Ignacio: *"La Criminología como ciencia social. Pasado, Presente y Futuro"*. ponencia presentada en el *Aula de Criminología 2010* que SECCIF organizó en Valladolid el 2 de diciembre de 2010. Publicado en Notijurídicas. Jornal Leggio. Septiembre de 2011. Consultado el 3/4/12. a las 9:47 p.m.

8. Antony, Carmen: *"Intustigaeión Bibliogrifie sobre Victimología en América Latina"*, Reunión Preparatoria del IX Congreso Internacional de Criminología, Universidad de Panamá. Panamá.1982.

9. Audi, Robert: *"Naturalism"*. En Borchert, Donald M: *The Encyclopedia of Philosophy Supplement*. USA: Macmillan Reference.1996

10. Auguste Comte: *"Curso de filosofía positiva"* (6 vols., 1830-1842).citado por Urbina Tortolero, Eladio Román. *ob. Cit.* visitado el 7/3/2012 a las 6:30p.m.

11. Ayuso, Miguel: (ed.), *"El derecho natural hispánico: pasado y presente"*, Publicaciones Obra Social y Cultural Cajasur, (España), 2001.

12. Becker, H. S.: *"Outsiders: Studies in the sociology of deviance"*. Free Press, Nueva York, U.S.A.1963.

13. Bergalli, R; Bustos Ramírez, J; Miralles, T: *"El pensamiento Criminológico I. Un análisis crítico"* Ed. Temis Librería. Bogotá. Colombia. 1983.

14. Bernal, J.D.: *"La Ciencia en la Historia"*. (ed. No especificada) tomo I. México.1959.

85

15. BONILLA LUIS: *"Historia de la Hechicería y de las Brujas".* Biblioteca Nueva. Madrid. España.1962.

16. BORGA, ERNESTO EDUARDO: *"La Naturaleza de los Principios Generales del Derecho".* La Plata. Argentina. 1962

17. BORISSOFF, D: *"The Power to comunicate: Gender diferencies as Barriers".* Ed. Wareland Press (s.n.). E.U.A. 1985.

18. BUCKLE, S.: *"El derecho natural"* en SINGER, P. (ed.), Compendio de ética, Alianza, 1995.

19. BUNGE, MARIO: *"La Ciencia, sus métodos y su Filosofía"* en el sitio www.philosophia.cl/Escuela de filosofía universidad ARCIS. Consultado el 18/4/2011.18:33.p.m.

20. BURK, IGNACIO; *"Filosofía".* Ediciones Insula. Caracas, Venezuela. (1985).

21. CABANELLAS DE LAS CUEVAS, GUILLERMO: *"Diccionario Jurídico Elemental".* Ed. Heliasta SRL.1993.

22. CARABAÑA, J Y LAMO DE ESPINOSA, E: *"Resumen y Valoración Crítica del interaccionismo simbólico"* en *"Teoría Sociológica Contemporánea".* Ed. Tecnos, Madrid, España. 1978.

23. CARLOS ALBERT:*"Criminología Latinoamericana, teorías y Propuestas sobre el control Social",* parte primera, Universidad de Buenos Aires. Argentina. (1996)

24. CARRIER, RICHARD: *"Sense and Goodness without God: A defense of Metaphysical Naturalism".* AuthorHouse. U.S.A. (2005).

25. CASARES SERRANO, ANTONIO D: *"Genes, Tecnología y Racionalidad. La Estrategia Naturalista en la unificación epistemológica de las ciencias"* en *Aparte Rei: Revista de Filosofía* P.23 y ss. Ostensible en *http://serbal.pntic.mec.es/~cmunoz11/index.htlm* consultado el 18/2/2012 a las 8:30 p.m.

26. CAYETANO FILANGERI: *"La Ciencia de la Legislación"* .Madrid. España. 1821. Tomo III.

27. CLARKE, RV: *"Situational Crime Prevention: Theory and Practice."* British Journal of Criminology Nº 20 vol. 2, Londres,U.K. 1980

28. COLECTIVO DE AUTORES. *"Manual de Derecho Romano"* Universidad de La Habana. La Habana. Cuba. 2002.

29. COLECTIVO DE AUTORES: *"Teoría de las causas de la criminalidad en la sociedad socialista"*, en *Divulgación Jurídica*, No. 17, La Habana, Cuba.1986.

30. COLECTIVO DE AUTORES: *"Lecciones de Filosofía Marxista-Leninista"*. Tomo I. Editorial Félix Varela. La Habana. Cuba. 2007.

31. COLECTIVO DE AUTORES: *"Temas de Derecho Internacional Público"*. Ed. Félix Varela. La Habana. Cuba. 2006.

32. COLECTIVO DE AUTORES: *"Vademécum Victimológico"*. Ed. Sistema Nacional de Protección y asistencia a Víctimas, testigos y otros participantes en el proceso penal. Primera edición. Mayo, 2011. Ecuador.

33. CORNIL, PAUL: *"De la Victimologie a la Prevention du Crime par la politique criminelle"*, III Symposiiun, Alemania, 1979.

34. CORNIL, PAUL: *"La notion de Victimologie et sa place dans la Crimi-nologie"*. I Symposium, Israel, 1973.

35. COSTA, FAUSTO: *"El Delito y la Pena en la Historia de la Filosofía"*. Ed. Unión Tipográfica editorial Hispano-Americana (UTHEA). D.F. México. 1953.

36. CRESSON: *"Les bases de la philosophie naturalista"*, París, Francia.1906.

37. D. ANTISERI: *"El problema del lenguaje religioso"*, Cristiandad, Madrid, España. 1976;

38. DE ACEVEDO CASTELLO BRANCO, A.: *"Criminología y sistemas Penitenciarios."* Versión castellana del DR. RAMIRO GUERRA. Editado por Revista de Legislación universal. San Bernardo 58. Madrid. España. 1905.

39. DE AGUIAR DÍAS JOSÉ: *"Tratado de la Responsabilidad Civil"*. Tomo I. Ed. José M. Cajica.JR.S.A. 1957.

40. DESCARTES, RENE: *"Discurso del Método y Meditaciones Metafísicas"*, Bruguera, España, 1972.

41. DÍAZ COLORADO, FERNANDO: *"Una Mirada desde las Víctimas, el surgimiento de la Victimología"* en *"Umbral Científico"* número 009. Fundación Universitaria Manuela Beltrán. Bogotá Colombia.

42. DÍAZ COLORADO, FERNANDO: *"Una mirada desde las víctimas. El surgimiento de la*

Victimología" en Umbral Científico, número 009, Fundación Universitaria Manuela Beltrán, Bogotá. Colombia. 2006.

43. DÍAZ COSUELO, JOSÉ MARÍA: *"Los Principios Generales del Derecho"* Editorial PLUS ULTRA. Buenos Aires. Argentina. 1971.

44. DRAPKIN, ISRAEL. *"Criminología de la Violencia".* Editorial Depalma. Buenos Aires. Argentina.1984.

45. DURKHEIM: *"Les regles de methode sociologique" (Las reglas del Método Sociológico)*, P.U.F., París, Francia. 1949.

46. EDWARD B. DAVIS and ROBIN COLLINS: *"Scientific Naturalism."* In *"Science and Religion: A Historical Introduction",* ed. Gary B. Ferngren, Johns Hopkins University Press, U.K. 2002,

47. ENGELS F.: *"Dialéctica de la Naturaleza".*Ed. Grijalbo. México.1981.

48. FALCÓN, ROMEO: *"Lineamientos de Derecho Penal",* Icone Editora. Sao Paulo.Brasil.1995.

49. FATTAH, EZZAT.: *"La victime est-elle cupable?".* Les presses del'Uni-versité de Montreal, Canadá, 1971.

50. FELSON, M. & COHEN, L.: *"Social change and crime rate trends: a routine activity approach"* American Sociological Review vol. 44, U.S.A.

51. FERDINAND KIRCHHOFF, BERD: *"2009 Asian Postgraduate Course"* Tokiwa Internacional Institute of Victimology. Tokiwa graduate school of Victimology. Tokiwa. Japón. 2009.

52. FERDINAND KIRCHHOFF, GERD: *"Perspectives on Victimology The Science, the Historical*

*Context, the Present."*publicado en su página web personal ostensible en http://www.gerdkirchhoff.de/kirchhoff/index.aspx? page=35.consultado el 11 de septiembre de 2012. a las 10:45pm.

53. FERNÁNDEZ BULTÉ, JULIO: *"Filosofía del Derecho".* Ed. Félix Varela. La Habana. Cuba.

54. FERNÁNDEZ BULTÉ, JULIO: *"Teoría del Estado y el Derecho. (Teoría del Derecho)"* Ed. Félix Varela. La Habana. Cuba. 2002.

55. FERNÁNDEZ CONCHA, R.: *"Filosofía del Derecho o Derecho Natural".* Editorial Jurídica de Chile. Santiago de Chile, 1966.

56. FERNÁNDEZ CONCHA, R.:*"Filosofía del Derecho o Derecho Natural",* Editorial Jurídica de Chile, Santiago de Chile, Chile.1966.

57. FERRAJOLI, LUIGI: *"Derecho y Razón"* Trotta. España.1997.

58. FERRI, ENRICO: *"homicidio-sucidio",* Fratelli Bocea Editori, Torino, Italia. 1892*.*

59. FERRI, E.: *"Sociología Criminale" (Sociología Criminal),* Boca, Turín, 2da edición.Italia. 1900.

60. FERRI, ENRICO*, "The positive school of Criminology",* University of Pittsburg Press, Estados Unidos de America, 1968,

61. FERRI, ENRICO: *"Sociología Criminal"* (texto en inglés) en http://www.marxists.org/archive/ferri/criminalsocio logy/index.htm. Consultado el 1/4/2012 a las 3:30 pm.

www.ingramcontent.com/pod-product-compliance
Lightning Source LLC
Chambersburg PA
CBHW071219280526
45787CB00002B/736